Beast

Irene Solà

Beast

*translated from Catalan by
Oscar Holloway & Irene Solà*

Shearsman Books

First published in the United Kingdom in 2017 by
Shearsman Books
50 Westons Hill Drive
Emersons Green
BRISTOL
BS16 7DF

Shearsman Books Ltd Registered Office
30–31 St. James Place, Mangotsfield, Bristol BS16 9JB
(this address not for correspondence)

www.shearsman.com

ISBN 978-1-84861-552-6

Acknowledgements
Bèstia was first published in Barcelona by Galerada in 2012.

Contents

I

BOCA VERMELLA I DESAGRAÏDA

RED AND INGRATE MOUTH

7

II

SANG CONTINGUDA I BONA

CONTAINED AND GOOD BLOOD

35

I

BOCA VERMELLA I DESAGRAÏDA

I

RED AND INGRATE MOUTH

Out of the ash I rise with my red hair.
And I eat men like air.

Sylvia Plath

Tenia un peix a la fel
que es menjava les perles
dels collarets que es trenquen
quan fas el nus.
A l'enterrament un boig
em va obrir la cintura amb un cúter,
però no sé resar.
Mentre la iaia la cus
diu que volia ser actriu
de vodevil francès.
I jo li veig les calces.

I had a fish in my spleen

that ate the pearls

of the necklaces that break

when tying the final knot.

During its funeral, a madman

opened my waist with a blade,

but I don't know how to pray.

While grandma sows it back together,

she says she wanted to be an actress

from a French vaudeville.

And I can see her panties.

No tinc res,
tinc una bola de pèl a l'estèrnum
com les vaques. I els pits molls
de gata maula.
Una cobra nòrdica se'm menja
desmenjada i impuntual,
i jo m'alegro de morir així.
Llenceu el meu pijama als vampirs i als indis.
Les noies només es volen divertir.

I have nothing,
I have a furball in my sternum
like cows. And wet breasts,
those of a horny cat.
A cobra eats me
sluggish and unpunctual,
and I am pleased to die this way.
Throw my pyjamas to the vampires and the indians.
Girls just want to have fun.

L'ànec lleig de la meva panxa
no pot dormir, i jo no sé cantar,
i les cançons de la meva mare són velles,
i la meva cuineta no té aigua
que la fusta s'esberla.

The ugly duckling in my belly
can't sleep, and I can't sing,
and the songs of my mother are old
and my play kitchen has no water;
it ruins the wood.

Les ovelles fan *bee*
camí de l'escorxador,
i els nàufrags beuen pixat.

Sheep go baa
on their way to the slaughterhouse,
and castaways drink pee.

Em van arrencar com una ceba,

em van posar nom

i em van foradar les orelles.

They pulled me out like an onion.
They named me,
and pierced my ears.

Jo també em vaig arromangar desdenyosa
per què em plantessin pinyols a l'estómac,
però ja no em crec cap pare,
ni el meu. I mira que sé roncar com un gat.

Tinc el ventre comprensiu, discret i atent
com un xai en un zoo
i els pits de mantega.

I lifted my shirt up disdainfully
for stones to be planted in my stomach,
but I believe no father,
not even mine. Yet I can purr like a cat.
I have an understanding belly, discreet and attentive
like a lamb in a zoo.
And butter breasts.

Em mossegues sempre

i sóc un os tan sec,

i tinc el crani tan petit

i les vèrtebres tan falcades

a base del que no sóc prou

i del que sóc massa,

que no tinc ganes de venir al sofà.

You're always biting me
and I'm a bone already so dry,
and I have such a small skull
and the vertebrae so wedged
on what I'm not enough
and on what I am too much,
that I don't fancy coming to the couch.

El meu cap entre les espatlles
cada matí, ben lluny del forn,
tranquil·litza el pare,
que té la barba i la llengua blaves,
i somriu quan pensa que no tenim garatge.
Tots aquests secrets fan les noies estranyes.

My head between my shoulders
every morning
at a distance from the oven
calms my father,
whose beard and tongue are blue,
and who smiles thinking we don't own a garage.
All these secrets make the girls strange.

Dorms al meu costat com una muntanya
i ni tan sols ronques,
i ni tan sols abraces.
Algunes nits, els records
pugen com rots de pair
i, l'un darrere l'altre,
deixeu de ser homes
per ser literatura.

You sleep next to me like a mountain
and you don't even snore,
and you don't even hug.
Some nights, recollections
lift themselves like belches of digestion,
and one after another
you cease to be men
to become literature.

Amb una llengua seriosa i aspra
m'he rentat la suor agra del clatell
i del plec de les cuixes.
La nit era negra com *mirto*.
Agost, a Sardenya.
I vas trucar per dir
que estaves perdut, *Irene*.
Però jo ja volia haver-me curat,
i no era la teva mare.

With a coarse and serious tongue
I have washed the sour sweat from my neck
and from the fold of my thighs.
The night was black like *mirto*.
August in Sardinia.
And you called to say
you were lost, *Irene*.
But I already wanted to be cured,
and I wasn't your mother.

Arrencar crostes
és l'únic que ja tu i jo fem junts.

El cul en una trona,

la sang com coca-cola,

i jo, que tinc una pena tan petita,

tan romeguera i europea

que la passejo amb una caixa de gat.

Picking scabs
is the only thing we do together.

Your ass on a Highchair,
your blood like Coca-Cola,
and I have so little shame,
so bramble and European,
that I walk it with a cat carrier.

Vaig matar el nostre gos
perquè no em vas parar.
Ploraves de por,
com un nen,
i jo a la teva falda. *Bang!*
Ara el cor em pesa
com un fill teu adormit
i no arribo a llepar-me'l.

I killed our dog
because you didn't stop me.
You sobbed out of fear,
like a child,
and I on your lap. *Bang*!
Now, my heart weighs
like a son of yours asleep
and I can't reach to lick him.

II

SANG CONTINGUDA I BONA

II

CONTAINED AND GOOD BLOOD

Mi manera de amarte es sencilla:
te aprieto a mí
como si hubiera un poco de justicia en mi corazón
y yo te la pudiese dar con el cuerpo.

Antonio Gamoneda

My way of loving you is simple:
I clasp you
As if there was some justice in my heart
and I could give it to you with my body.

Antonio Gamoneda

Si l'euga pastura al jardí
embrutarà els vidres de baves.
Però és que el sol és calent!
Podríem fer moltes coses:
pujar a la teulada,
el pare té una escopeta,
l'euga té el pèl suau.
Si neva ens tornarem bojos!
Fes-me un petó a la boca, cavall!

If the mare pastures in the garden

she will stain the windows with spittle.

The sun is warm!

We could do many things:

climb on to the roof,

dad has a rifle,

the mare has soft fur.

If it snows we'll go crazy!

Kiss me in the mouth, horse!

SRA. DARLING

Hi havia un búfal blanc immens
i tu l'assenyalaves i cridaves com un indi,
i jo vaig dir que era una pedra blanca grossa.

Érem a Camprodon
i ja ens hi podríem haver quedat.

A Vic dels búfals en fem sabates
i jaquetes,
i dels indis, fuet.

MRS. DARLING

There was a huge white buffalo.
You pointed at him and yelled like an indian
and I said it was a big white rock.
We were in Camprodon
and we could have stayed there forever.
In Vic, out of buffalos we make shoes
and jackets,
and out of indians, sausages.

El llit és una canoa,

no treguis els peus fora la manta!

Soparem salmó, soparem pollastre,

tacarem els llençols, els rentarem als salts d'aigua.

Agafa't fort a mi. Sóc una canoa.

Que el jardí, que els nens que es moren de gana,

la iaia, la tele, el gos, les galetes, els bojos,

la tauleta, els xinesos, la llumeta,

no existeixin.

Agafa't fort a mi que sóc una canoa.

Our bed is a canoe,

don't let your feet out of the blanket!

For dinner we'll have salmon, we'll have chicken,

we'll stain the sheets, we'll wash them in the rapids.

Hold me tight. I'm a canoe.

Make the garden, the kids who starve,

grandma, the TV, the dog, the biscuits, the insane,

the night table, the Chinese, the lamp

disappear.

Hold me tight for I am a canoe.

Si a Barcelona n'hi hagués,
podríem collir cargols
i canviar-los per diners;
si en comptes del Camp Nou
hi hagués Can Barrina
i els cargols fessin l'amor a les tanques d'acer,
i en comptes de la Travessera de les Corts
hi hagués la C-17.

If there were any in Barcelona,
we would pick snails
and exchange them for money;
if instead of Camp Nou
there was Can Barrina,
where snails make love on the steel fences,
if instead of Travessera de les Corts
there was the C-17.

T'afines la pell amb les meves mans rústegues.

Josep Riera

A mi em pentinava el meu pare.
Les mans maldestres per a les coses petites
feien anar el meu cap
com una màquina de *cossetxar.*
El blat humit escarpit
començant a podrir-se
es feia fi
i m'estibava enrere,
i la cua em durava
fins a l'esmorzar.

You polish your skin with my rough hands.

Josep Riera

My father combed my hair.
His clumsy hands on those small things
made my head
move like a combine harvester.
The damp wheat
beginning to rot
became fine
and pulled me backwards,
and my ponytail lasted
until breakfast.

Les monges velles
seuen aparcades com cadires
i donen molles als mosquits.

A nosaltres, melindros.

Al jardí una verge
trepitja una serp.

Els budells com serps.

Els cabells com serps.

Fas petons com una serp.

Quan mates un mosquit,
la meitat de sang és teva.

Sardenya, estiu del 2010

The old nuns
sit parked like chairs
and feed crumbs to mosquitos.
Ladyfingers for us.
In the garden a virgin
steps on a snake.
Your guts like snakes.
Your hair like snakes.
You kiss like a snake.
When you kill a mosquito,
half its blood is yours.

Sardinia, summer 2010

Hi ha un nen
amb les orelles precioses
i criden en Mateo
perquè el pegui.
Els altres s'amaguen i borden.
A mi, en Mateo em xucla el melic
amb una palleta molt fina.
Com una hiena es beu
la saliva vella i la diadema.

Sardenya, estiu del 2010

There is a kid
with beautiful ears
and they call Mateo
for the child to be hit.
The others hide and bark.
Mateo sucks my navel
with a very thin straw.
The way a hyena drinks
old saliva and the hairband.

Sardinia, summer 2010

Els records són perillosos
com ossets de pollastre.
En pots tenir un a la dutxa
i relliscar,
a la cuina i cremar-te,
al cotxe i xocar.

Recollections are dangerous
like chicken bones.
You can have one in the shower
and slip,
in the kitchen and get burnt,
in the car and crash.

El meu cos és una casa.

Un *enterat* diu que tinc les finestres boniques

i ma mare diu que tinc l'arrebossat suau

i el terrat endreçat.

El menjador és ple de sang,

continguda i bona

i budells eficients

i òrgans que fan la seva feina.

Casa teva també és prou agradable.

My body is a house.
A *connoisseur* says I have pretty windows
and mom says I have soft plastering
and a tidy terrace.
The dining room is full of blood,
contained and good,
efficient guts
and organs that work well.
Your house is also quite nice.

A l'OpenCor els fluorescents
afavoreixen,
i tu vas dir "Mira! Els teus ulls
són de tots els colors".
I jo els vaig obrir més,
perquè els veiessis millor.

In the OpenCor the fluorescent lights
favoured me,
and you said: "Look! Your eyes
are all the colours".
And I opened them wider,
for you to see them better.

Dius que t'agrada la meva panxa rodona,
que un dia tindrà nens
que no sabem de qui.

You say you like my round belly,
which will one day have kids
we don't know who by.

A vegades em venjaria d'estimar-te.
La nit de fora és obesa
i nosaltres som com pernil dolç.

Sometimes, I'd take revenge on loving you.
The night outside is obese
and we are like ham.

Em deixaves dormir sobre teu
i no t'he escrit mai ni un poema bonic.
Les teves onades m'omplien
les calces de sorra.
Balena encallada, cadell mullat.
I ara, tèbia com la llet del microones
puc dir que gràcies,
que em deixaves dormir sobre teu.

You let me sleep on top of you
and I have never written you a nice poem.
Your waves filled
my panties with sand.
Beached whale, wet puppy.
Now, tepid like milk out of the microwave
I can thank you
for letting me sleep on top of you.

Perdre't és com anar amb banyador.

Losing you is like being in a swimsuit.

AMOG, MAG, CEL I TEGA

Et vaig contar totes les pigues,
com estrelles,
i després em vaig riure de les teves constel·lacions,
i llavors em vaig riure de les teves erres.

AMOG, MAG, CEL I TEGA

I counted all your freckles,

like stars,

and then I laughed at your constellations,

and later I laughed at your Rs.

Note

Mar, cel i terra (sea, sky and earth) is a game that children play, marking three circles on the floor, each corresponding to one of the three realms. One of the children says the word for something, anything, an animal or an object. If he or she says "ocell!" (bird) the rest have to stand on the circle for the sky, if he or she says "tauró!" (shark) they have to stand on the circle for the sea...

In the title of the poem, "amor" (love) has been added to the game, and the words are being pronounced by someone, probably a child, who can not roll the Rs.

Al meu llit,
empenyies
per tornar
pel forat
d'on havies sortit.

On my bed,
you pushed
to return
through the hole
you came from.

La teva pell suau

xoca contra la meva,

com les plaques tectòniques,

les glaceres,

els dinosaures,

els meteorits,

els camions de carreres.

Your soft skin

crashes with mine,

like race trucks,

tectonic plates,

glaciers,

meteorites,

dinosaurs.

Totes les cebes, i el pa i el tabac

i els ratolins i els homes

i el llevat

em miraven prendre el sol

sense biquini

damunt del teu escriptori.

Tu eres una piscina rectangular i blanca

i l'aigua era freda i l'herba era verda.

All the onions, the bread and tobacco

the mice and the men

and the yeast,

watched me sunbathe

wearing no bikini

on your desk.

You were a white rectangular pool

and the water was cold and the grass green.

El teu edredó em cou com un pastís,
i corro per casa inflada com un gall d'indi,
i xoco amb els marcs de les portes per culpa teva.

Your quilt bakes me like a pie,
and I run around the house puffed up like a turkey,
and I crash against the doorframes, your fault.

Fiques les ungles
sota les meves
com dues teules.

You stick your nails
under mine.
Like two roof tiles.

Milton Keynes UK
Ingram Content Group UK Ltd.
UKHW042029030124
435363UK00018B/213